Az ember kezdetben az Istennel való boldog életre teremtetett.

Megteremtette Isten az embert a maga képmására, Isten képmására teremtette.
(Mózes első könyve 1:27)

De az ember engedetlen volt és vétkezett Isten ellen,
ezért elszakadt Tőle.

Eredmények = Aggodalom + Félelem + Halál

Mindenki vétkezett és híjával van az Isten dicsőségének.
(Pál levele a rómaiakhoz 3:23)

Mert a bűn zsoldja a halál, az Isten kegyelmi ajándéka pedig az örök élet
Krisztus Jézusban a mi Urunkban. (Pál levele a rómaiakhoz 6:23)

Isten megkegyelmezett a bűnös emberiségnek és elküldte Jézus Krisztust a világba, mint egy váltságdíjat értünk.

Aki pedig nem szeret, az nem ismerte meg az Istent, mert Isten szeretet. (János első levele 4:8)

Mert az Emberfia sem azért jött, hogy neki szolgáljanak, hanem hogy ő szolgáljon, és életét adja váltságul, sokakért. (Márk evangéliuma 10:45)

Jézus meghalt a kereszten, eltemettetett, de harmadnapon feltámadt a halálból, hogy két ajándékot kapjunk tőle.

Ajándékok = Békesség + Örök élet

Békességet hagyok nektek: az én békességemet adom nektek; de nem úgy adom nektek, ahogy a világ adja. Ne nyugtalankodjék a ti szívetek, ne is csüggedjen. (János evangéliuma 14:27)

A tolvaj csak azért jön, hogy lopjon, öljön és pusztítson: én azért jöttem, hogy életük legyen, sőt bőségben éljenek. (János evangéliuma 10:10)

Akarod élvezni a békességet és az örök életet?
Isten azt akarja, hogy Jézus Krisztust befogadd
a szívedbe, így megkaphasd az örök élet ajándékát és
élhess igazi békességben.

Mert úgy szerette Isten a világot, hogy egyszülött Fiát adta, hogy aki hisz őbenne, el ne vesszen, hanem örök élete legyen. (János evangéliuma 3:16)

Akik pedig befogadták, azokat felhatalmazta arra, hogy Isten gyermekeivé legyenek (János evangéliuma 1:12)

Jézus kopogtat szíved ajtaján ebben a pillanatban.
Most kell döntést hoznod. Választhatod a félelemmel,
aggodalommal teli életet, ebben a bűnös világban, Is-
tentől való örök elválasztottságra kárhoztatva, vagy
választhatod, hogy élvezed az igazi békességet és az
örök életet Istennel.
Szeretnéd Jézust befogadni a szívedbe, mint Uradat és
Megváltódat?

Íme, az ajtó előtt állok, és zörgetek: ha valaki meghallja a hangomat, és kinyitja az
ajtót, bemegyek ahhoz, és vele vacsorálok, ő pedig énvelem. (Jelenések könyve 3:20)

Egy életbevágóan fontos döntést hoztál meg.

Kérlek imádságban mondd el a következő imát:

Atyaisten, bűnös ember vagyok, rád van szükségem.

Bocsásd meg az én bűneimet, amint bűnbánatot
tartok előtted.

Hiszem, hogy Jézus meghalt a kereszten értem és
feltámadt a sírból, hogy megfizessen az én bűneimért.

Kérlek Jézus, jöjj az én szívembe, mint Uram és Megváltóm.

Jézus nevében imádkozok, Ámen.

Most, hogy befogadtad Jézus Krisztust a szívedbe, Isten gyermeke lettél.

Kérlek keress fel egy olyan közeli templomot, gyülekezetet, ahol az evangéliumot tisztán, a Biblia alapján tanítják és kezdd el a csodálatos utazást Krisztussal.

Az Úr gazdagon áldjon meg téged az Ő szeretetével!